AF308845

٢۴

697

LES CARACTERES DE L'AMOUR,

BALLET HEROIQUE,

REPRESENTÉ

PAR L'ACADEMIE ROYALE

DE MUSIQUE,

POUR LA PREMIERE FOIS,

Le quinziéme jour d'Avril 1738.

Remis au Théâtre le Mardi quinze Juillet 1749.

PRIX XXX SOLS.

AUX DEPENS DE L'ACADEMIE.

On trouvera les Livres de Paroles à la Salle de l'Opera & à l'Academie Royale de Musique, rue S. Nicaise.

M. D. C. C. XLIX.

AVEC APPROBATION ET PRIVILEGE DU ROY.

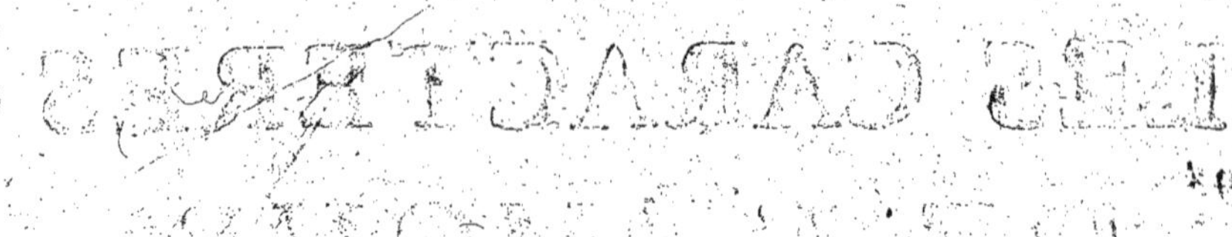

Les Paroles de M.

La Musique de Monsieur *COLLIN DE BLAMONT*, Sur-Intendant de la Musique du Roy.

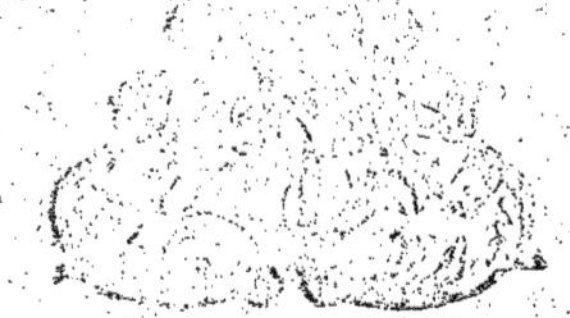

A
MONSEIGNEUR
LE DAUPHIN,
EPITRE.

PRINCE cheri des Cieux , digne Fils d'un
  grand Roy ,
D'un Roy Vainqueur , Généreux , Pacifique ,
    Dont l'équitable Politique
Fait de l'Europe enfin , la Balance & la Loy ;
  Jeune Héros , je vous consacre encore ,
    Des accens que firent éclore ,
    Le zele , & le defir preffant
De rendre hommage à votre goût naiffant.

Les Muses vous offroient leurs veilles immortelles;
Sans atteindre à leur sort, je les pris pour modelles;
Leur divine Présence enflâmmoit votre cœur,
   La Votre augmentoit mon ardeur,
   Et dans l'essor de mon génie,
   Je ne connus d'autre Apollon que Vous;
   Vos amusemens les plus doux,
Etoient, & sont encor, les chants de Polymnie.
Ces Ames que le Ciel, dans ses profonds Desseins,
   Fit pour gouverner les Humains,
   Sont sensibles à l'harmonie.
   Les sons divers, & les accords,
   Qu'inspire le Dieu de la Lyre,
   Sont une image des ressorts,
   Qui font mouvoir un vaste Empire.

Le Monarque adoré, qui vous donna le jour,
   Admet les Talens à sa Cour,
   Vous l'imitez; plein d'une noble audace,
Vous suivez & Minerve, & le Dieu de la Thrace.

Une Auguste Princesse, unie à vos destins,
Fait luire sur les Arts, des jours purs & sereins;
Pour leurs Travaux divers, Quel favorable
   augure ?
C'est en sortant du Port, l'Astre qui me rassure.

Puissent vos doux Aspects favoriser mes vœux,
Et m'éclairant sur la Lyrique scene ,
Guider les transports de ma veine !

Au milieu des Ris & des Jeux ,
Je peins l'Amour , & ses coups redoutables,
Je le montre partout, sous ses traits véritables,
Et plus il est connu , moins il est dangereux.

COLLIN DE BLAMONT.

AVERTISSEMENT.

ON croit devoir informer le Public de ce qui a donné lieu à ce Ballet, déja honoré de ses suffrages. Un homme d'un esprit reconnu & d'un goût exquis, entreprit d'extraire des Ouvrages des Tibulles & des Saphos du Siècle de LOUIS LE GRAND des Paroles propres à la Poësie Lyrique & dont on pût former un Concert. Cette première tentative parut si avantageuse au Musicien, qu'il ne pût résister à l'envie d'en former un Ballet entier, sous le titre des Caracteres de l'Amour ; mais la mort du Poete interrompit son projet : il a cru depuis, suivant toûjours son idée, qu'il valoit mieux conserver les fragmens, tant de cet Auteur que des Anciens, en composant les Vers des Scênes & des Fêtes qui n'étoient point faites. Quelques amis voulurent bien y contribuer, entre autres Monsieur Tanevot, qui en a fait la plus grande partie. On peut donc accorder à cet Ouvrage le mérite de la nouveauté, ce qui appartient aux Anciens n'étant pas assez considérable pour le lui ôter.

ACTEURS CHANTANS

Dans les Chœurs.

CÔTÉ DU ROI.		CÔTÉ DE LA REINE.	
Mesdemoiselles.	*Messieurs.*	*Mesdemoiselles.*	*Messieurs.*
Dun.	Lefebvre.	Cartou.	S. Martin.
Tulou	Le Page C.	Rôllet.	Gratin.
Delorge.	Laubertie.	Daliere.	Le Messe.
Larcher.	Vaudemont.	Masson.	Bertrand.
Cazeau.	Rafron.	Victoire.	Hordé.
Duperey.	Fel.	Gondré.	Levasseur.
Rosalie.	Bourque.	Hery.	Bellot.
Le Tourneur.	Duchênet	Folliot.	Chapotin.
La Croix.	Rochette.	Somervile.	Favier.
Duval.	Le Roy.	Gentil.	Feret.
Lablotiere.	François.		

A ij

ACTEURS DU PROLOGUE.

VENUS,   Mlle. Romainville.

L'AMOUR,   Mlle. Coupée.

DEUX HABITANTES DE CYTHERE.

Suite de VENUS.

HABITANS DE CYTHERE.

AUTEURS CELEBRES *dont les Ombres font évoquées*.

PERSONNAGES DANSANS

LES GRACES

Mlles. S. GERMAIN, CARVILLE, COURCELLE.

HABITANS DE CYTHERE.

Mlle. Hymblot, M^r. Laurent, Mlle. Sauvages.

Mlle. Amedée, M^r. Beat, Mlle. Parquet.

OMBRES D'AUTEURS CÉLÈBRES.

M^r. TESSIER.

M^{rs}. Caiez, Feuillade, Laval.

Mlles. Dazenoncour, Beaufort, Defiré.

AMANS CONSTANS.

M^{rs}. DUMOULIN, Mlle. MIMY.

AMANS VOLAGES.

M^r. AUBRY,   Mlle. LANI.

AMANS JALOUX.

M^r. DEVISSE.

PROLOGUE.

Le théâtre repréfente l'Ifle de Cythere dans une belle Nuit : VENUS paroît au milieu de fa Cour.

______

SCENE PREMIERE.

VENUS alternativement avec le Chœur.

REGNEZ à jamais fur Cythere ;
Regnez, charmante Nuit.
CHŒUR.
Regnez à jamais, &c.
VENUS.
La tranquillité qui vous fuit,
Aux tendres cœurs eft neceffaire.
CHŒUR.
Regnez à jamais, &c.

B

VENUS.

Cette douce clarté du flambeau qui nous luit,
Semble encor augmenter les plaisirs du mistere,
Que l'ombre favorise & le grand jour détruit,
Regnez à jamais sur Cythere ;

CHŒUR.

Regnez à jamais, &c.

On danse.

DEUX HABITANTES DE CYTHERE.

Alternativement avec le Chœur.

Dans ces lieux, que l'amour a d'atraits !
Nous volons au devant de ses traits ;
Et jamais
Nos cœurs satisfaits
N'ont formé de regrets.

CHŒUR.

Dans ces lieux, &c.

DEUX HABITANTES.

Pourquoi craindre ses coups ?
Ils sont doux ;
Jeunes cœurs, rendez-vous ;
Chacun à son tour
Doit céder à l'Amour ;
Qui se livre à ce Dieu si charmant,
S'épargne un long tourment.

CHŒUR.

Pourquoi craindre , &c.

VENUS.

Le Dieu que vous chantez , également jaloux
De vos plaisirs & de sa gloire ,
Aime à se voir l'objet de vos soins les plus doux :
Que de nouveaux accords consacrent la mémoire
Des bienfaits qu'il répand sur vous.

Pendant les Vers précédéns l'Amour
descend des Cieux.

SCENE II.

L'AMOUR, VENUS,

Et les Acteurs de la Scene précédente.

L'AMOUR.

O Nuit, j'ai besoin de tes voiles ;
Que tout, jusqu'aux étoiles ,
Se dérobe à l'Univers.
Du fond des Royaumes sombres ,
Je vais évoquer les Ombres
Des Favoris du Dieu des Vers.

Le Theâtre s'obscurcit.

B ij

Mânes de ces Mortels célébres,
Que le feu d'Apollon animoit autrefois,
Quittez l'Empire des Ténebres ;
Sortez, obéiffez ; accourez à ma voix.

SCENE III.

L'AMOUR, VENUS,

Habitans de Cythere, Ombres des Poëtes célébres.

CHŒUR d'OMBRES.

SOrtons des ténébreux rivages ;
L'Amour commande ; obéiffons.
Allons revoir ces Prez, ces Jardins, ces Boccages,
Où les Oifeaux par leur ramages,
Répondoient aux accords de nos tendres chanfons;
L'Amour commande ; obéiffons.

L'AMOUR.

Ombres, j'attends de vous une fête nouvelle ;
Il faut qu'une image fidele
Retrace de mes feux tous les effets divers.

Le Théâtre s'éclaircit infenfiblement.

A la clarté des cieux ma gloire vous rapelle ;
Hâtez-vous ; joignez vos Concerts,
Le jour vient infenfiblement.

Et marquez vôtre zele :
Au Dieu puissant, qu'adore l'Univers.

On danse.

L' A M O U R.

Des lieux les plus riants la Tristesse s'empare,
Sitôt que je n'y regne pas ;
S'il est d'aimables Jeux, c'est moi qui les prépare ;
Le Plaisir vole sur mes pas ;
Je fais les délices du monde,
Et la félicité des Dieux.
Mon souverain pouvoir est la source féconde
Des biens que pour la Terre ont reservés les Cieux.

V E N U S.

Chantez l'Amour, & son aimable Empire ;
Chantez le Dieu qui toûjours vous inspire.

C H Œ U R.

Chantons l'Amour, &c.

V E N U S.

Rendez-lui le tribut qu'il exige de vous :
Il est CONSTANT, il est JALOUX,
Et quelquefois il est VOLAGE ;
Mais il est, quelqu'il soit, digne de votre hommage.

C H Œ U R.

Chantons le plus charmant des Dieux ;
Par des chemins divers, il vole à la victoire ;

Sous quelques traits qu'il se montre à nos yeux ,
L'Amour ne perd rien de sa gloire.

Ballet figuré qui exprime les trois Caracteres
que VENUS *vient d'annoncer.*

C H Œ U R.

Qu'il est doux de revoir le jour ,
Quand c'est pour célébrer le pouvoir de l'Amour !

L' A M O U R.

Présentez de l'Amour une image moins vaine ;
Achevez de remplir mes vœux :
Unissez Erato , Thalie & Melpomene ,
Je vais leur ordonner de seconder vos Jeux.

F I N D U P R O L O G U E.

L'AMOUR CONSTANT.

ACTEURS.

ALPHONSE, *Prince Souverain d'Avignon.* M^r. Le Page.
PETRARQUE, *amant de Laure,* M^r. De Chaffé.
LAURE, Mlle Fel.
OCTAVE, *ami de Petrarque,* M^r. De Lamare.
UN RUISSEAU, Mlle. Coupée.

CHŒUR DE PEUPLES.

LE RHOSNE, *Petrarque travefti.*
LA SORGUE.

NYMPHES DE VAUCLUSE.

LA DURANCE.

PERSONNAGES DANSANS.

FLEUVES NAYADES & RUISSEAUX.

M^r. LANY.

Mr LAVAL. Mlle CARVILLE.

M^rs. Matignon, Dumay, Caillé, Feuillade.

Mlles. Brifeval, Bellenot l., Bellenot c., Defiré.

PROVENCEAUX.

Mlle CAMARGO.

M^rs. Laurent, Mion, Beat.

Mlles. Dazenoncourt, Thierry, Sauvage.

PREMIERE ENTRÉE.

L'AMOUR CONSTANT.

Le Théâtre repréfente la Fontaine de Vauclufe.

SCENE PREMIERE.

PETRARQUE.

CHARMANTE Nymphe de Vauclufe ,
Petrarque te revoit ! Vas-tu changer fon
    fort ?
Je crains qu'un fonge ne m'abufe ;
J'ai vû , pour confpirer ma mort ,
Et les vents , & les flots , s'armer d'intelligence ;
Le naufrage a fuivi les rigueurs de l'abfence ;
Doux plaifir du retour , fais-moi trouver le port.

C

Ce fut près de cette Fontaine,
Qui parmi ces Vallons, roule ses claires eaux;
Que l'Amour, pour former ma chaîne,
Fit choix de ses nœuds les plus beaux.

Dans cet azile heureux, je vis l'aimable Laure:
Pere du jour, Flambeau des cieux,
Tu lances moins de feux encore
Qu'il n'en partoit de ses beaux yeux!

Laure sera pour moi ce que je suis pour elle;
Quel bonheur, quel plaisir m'attend!
L'Amour me ramene constant;
Je la retrouverai fidelle.

C H Œ U R, *derriere le Théâtre.*

Hymen, forme tes plus beaux nœuds;
Vien rendre deux Amans heureux.

P E T R A R Q U E.

Dans les bois d'alentour, quels chants se font entendre!
Qu'ils me font envier un destin si charmant!
Je ne suis pas encor le plus heureux Amant;
Mais du moins je suis le plus tendre.

C H Œ U R derriere le Théâtre.

Hâte-toi, Dieu d'Hymen, vole, descends des cieux.
Entends un peuple qui t'implore;

C'eſt par toi que l'aimable Laure
Va bientôt regner en ces lieux.

PETRARQUE.

Quel nom frappe les airs ! Je tremble.
Laure doit regner ! Je frémis ;
Eſt-ce là le bonheur que je m'étois promis ?
Je crains tous les malheurs enſemble.
Mais c'eſt Octave que je voi ;
Sçachons de cet ami fidelle ,
Si Laure a pû trahir ſa foi.

SCENE II.

PETRARQUE, OCTAVE.

OCTAVE.

Quel objet vient s'offrir à moi ?
Eſt-ce vous, cher Petrarque ! Et la Parque cruelle...

PETRARQUE.

Apprends-moi ſi je dois mourir.
Mes feux ſont-ils trahis ? Laure eſt-elle inconſtante ?

OCTAVE.

Le Roy par ſon hymen , vous ravit votre Amante.

PETRARQUE,

C'eſt donc au déſeſpoir qu'il me faut recourir.

OCTAVE.

Laure oppofoit en vain , l'amour fidelle & tendre
Qu'elle vous a cent fois juré ;
Le bruit de votre mort, qu'on a trop fçû répandre,
La livre au nœud fatal qu'elle avoit differé.
On célebre des Jeux ; c'eft moi qui les ordonne ;
Fuyez, n'en foyez pas témoin.

PETRARQUE.

On célebre des Jeux ! Quand l'amour m'abandonne,
Puis-je de l'amitié prétendre un dernier foin ?

OCTAVE.

Parlez , mon amitié s'apprête
A répondre à vos vœux avec empreffement.

PETRARQUE.

A la faveur d'un prompt déguifement ,
Ne puis-je au moins la voir dans cette fête ?

OCTAVE.

Vous cherchez un nouveau tourment ;
Mais il faut fecourir un malheureux Amant.

SCENE III.

LAURE.

QUand ce que j'aime eft au tombeau ,
Faut-il d'un autre amour allumer le flambeau ?

La vie encor pour moi peut-elle avoir des charmes?
Va, fui, vaine Grandeur ; & vous mes triſtes yeux.
Fermez-vous pour jamais, à la clarté des Cieux,
Ou ne vous ouvrez plus que pour verſer des larmes.
    Quand ce que j'aime eſt au tombeau,
Faut-il d'un autre amour allumer le flambeau ?

SCENE IV.

ALPHONSE, LAURE.

ALPHONSE.

Vous me fuyez charmante Laure !
    Quel prix de mon empreſſement !
Le ſouvenir d'un autre Amant
    Doit-il vous occuper encore?
Cruelle, ſe peut-il, quand mon cœur vous implore,
    Qu'il vous implore vainement ?
Vos yeux à la ſplendeur, dont brille une couronne,
    Pour jamais ſeront-ils fermés ?

LAURE.

    Ils ne ſont pas accoûtumés
    A l'éclat qui vous environne ;
Pourquoi faut-il, hélas ! Quand tout ſuit votre loi,
    Que vous deſcendiez juſqu'à moi ?

ALPHONSE.

Je connois tout le prix du sang qui vous fit naître,
Mais, d'un simple Berger, si vous teniez le jour,
Je ne viendrois pas moins, animé par l'Amour,
Offrir à tant d'appas un Sujet dans un Maître.

Mon amour, s'il le faut, consent à differer
    Le bonheur où j'ose prétendre ;
Mais, pour prix d'une ardeur si parfaite, & si tendre,
    Qu'il me soit permis d'esperer.

On entend une Symphonie.

    On vient célébrer une fête,
    Pour calmer vos mortels ennuis :
Ce n'est pas la Grandeur, c'est l'Amour qui l'apprête.

L A U R E, à part.

Quelle contrainte, hélas ! Dans le trouble où je suis !

La Ferme s'ouvre. On voit le RHOSNE, LA SORGUE,
& LA DURANCE *dans le fond du Théâtre.*

SCENE V.

ALPHONSE, LAURE, PETRARQUE
fous la forme du RHOSNE; Troupe d'Habitans
de la FONTAINE DE VAUCLUSE, qui
repreſentent des SYLVAINS, des NYMPHES,
des NAYADES & des RUISSEAUX.

ALPHONSE.

QUe ces Rivages s'embelliſſent;
Que les Fleuves, que les Ruiſſeaux
Apportent en ces lieux, le tribut de leurs eaux.
Que les airs retentiſſent
De mille chants nouveaux.

CHŒUR.

Formez les plus aimables chaînes,
Tout rend hommage à vos attraits vainqueurs;
Regnez, Laure, regnez ſur ces fertiles plaines,
Comme vous regnez ſur les cœurs.

On danſe.

UN RUISSEAU.

Quand ſur l'émail des prez, coule mon onde pure,
De Ruiſſeau, je deviens Amant,
Je n'exprime par mon murmure,

Que la douceur du changement ;
Pour moi, les fleurs les plus nouvelles
Sont toûjours les fleurs les plus belles.

On danse.

LA DURANCE ET LA SORGUE.

Jeunes Beautez, voulez-vous nous en croire ?
Imitez-nous dans vos amours ;
Nous n'avons jamais plus de gloire,
Que lorsque nous changeons de cours.

PETRARQUE, sous la forme du Rhône.

Qu'entends-je ? Quel nouveau langage !
A peine de mes flots, je retiens les transports.
Quoi ? Rhône, c'est donc sur tes bords
Que l'on chante l'amour volage !
O toi, fidelle Amant, dont les tendres chansons
Ont cent fois arrêté mon onde fugitive,
Reviens.

LAURE.

Ciel ! Où suis-je ? Quels sons ?

PETRARQUE.

A peine tu descends sur l'infernale rive
Qu'on prête une oreille attentive
Aux plus dangereuses leçons !
Tout prend en ton absence, une face nouvelle ;
Laure même....

LAURE.

L A U R E.

Arrêtez ; Laure est toûjours fidelle.

A L P H O N S E.

Qu'ose-t'on attenter ? Se peut-il qu'un Sujet
S'oppose à mon bonheur suprême ?

P E T R A R Q U E , *ôtant son masque.*

Dans cet audacieux projet,
Reconnoissez Petrarque même.

L A U R E.

Quoi ! C'est vous cher Amant ! En croirai-je mes
yeux !
Venez-vous essuyer mes larmes ?

P E T R A R Q U E.

Que j'aime à voir couler des pleurs si précieux,

E N S E M B L E.

Amour, tu nous rejoins ; ô sort rempli de charmes !

A L P H O N S E.

Vous me bravez encor ; Perfide, tu mourras !

P E T R A R Q U E , *a Alphonse.*

Laure est toûjours fidelle ; ordonnez mon trépas.

a Laure.

A mes derniers soupirs on va porter envie ;
Pour prix des feux les plus constants,

Je n'attends que la mort, mais la plus belle vie
Ne vaut pas la mort que j'attends.

LAURE, à ALPHONSE.

Ah ! Si la conftance eft un crime,
Frappez ; prenez mon cœur pour premiere victime.

ALPHONSE.

O Rival trop heureux !

LAURE, à ALPHONSE.

Que ne puis-je en ce jour,
Pour fauver mon Amant, immoler mon amour !
Vous avez fur mon fort, une entiere puiffance ;
Mais en Maître abfolu, ceffez d'en ordonner ;
Ne voulez-vous devoir qu'à mon obéiffance,
Un cœur que l'Amour feul, auroit dû vous donner ?

ALPHONSE, à part.

Quel trouble ! La vertu vient éclairer mon ame.
Ah ! L'effort le plus glorieux
Eft de triompher de fa flâmme !

à PETRARQUE, & à LAURE.

Tendres Amants foyez heureux ;
Ma gloire, votre amour ; tout me force à me rendre ;
Mais, c'eft peu que de vous unir ;
Ma main n'aura fur vous, que des biens à répandre.

PETRARQUE, à ALPHONSE.

Vous nous recompenfez, au lieu de nous punir !

LAURE, A ALPHONSE.

Vous me rendez à ce que j'aime !

ENSEMBLE.

O triomphe ! O vertu digne du diadême ?

PETRARQUE, A ALPHONSE.

Le Ciel n'a reservé qu'à nous,
De rendre aux Heros tels que vous,
Les biens que leurs mains nous dispensent ;
Nos Ecrits valent des Autels ;
Et, si les Rois nous récompensent ;
Nous rendons les Rois immortels.

ALPHONSE.

Pour ces heureux Amans, qu'à l'envi tout s'apprête,
Offrez au tendre Amour une brillante fête.

LAURE ET PETRARQUE, avec le Chœur.

Que dans ce beau séjour un triomphe éclatant,
Au plus charmant des Dieux, rende toute sa gloire;
Chantons, célébrons la victoire
Qui couronne l'Amour constant.

On danse.

PETRARQUE ET LAURE,
Alternativement avec le Chœur.

Cherissons le trait qui nous blesse.
Regnez seul, Amour constant ;
Regnez, triomphez sans cesse ;
C'est par vous que l'on est content.

D ij

Dès qu'un beau feu nous interesse,
Que faut-il de plus en amour ?
Loin de l'éteindre, tout nous presse
De le rallumer chaque jour.   *On danse.*

LAURE.

L'Amour inconstant & volage
Du Papillon nous peint l'image ;
Il s'envole au gré des Zéphirs.

En aimant, il n'est de vrais plaisirs,
Que pour un cœur tendre & fidelle ;
Son ardeur est toûjours nouvelle,
Sans rien changer à ses desirs.

L'Amour inconstant, & volage,
Du Papillon nous peint l'image,
Il s'envole au gré des Zephirs.   *On danse.*

CHŒUR.

Dans ce beau séjour,
Rions, chantons sans cesse,
Celebrons l'amour.
Ce Dieu rassemble ici sa cour,
L'aimable tendresse
Sçait embellir la jeunesse,
Ses attraits vainqueurs
Enchantent tous les cœurs,
Les jeux la couronnent,
Les doux plaisirs l'environnent,
Sous son regne heureux
Ils comblent tous nos vœux.

          On danse.

FIN DE LA PREMIERE ENTRÉE.

L'AMOUR JALOUX.

ACTEURS

ARSAME, *Prince Affricain amant d'ELMIRE*, M^r. De la Tour.

ALMANZOR, *Prince Sarrasin, Magicien, Rival d'ARSAME*, M^r. Le Page.

ELMIRE, *Princeffe Affricaine*, Mlle. Chevalier.

LA JALOUSIE, M^r. Albert.

UN PLAISIR, Mlle Coupée.

Suitte de la JALOUSIE.

DÉMONS, *transformés en Plaifirs, en Jeux & en Amours.*

PERSONNAGES DANSANS.

DEMONS.

M^rs. DEVISSE, & LYONNOIS.

M^rs. Dumay, Matignon, Feuillade, le Lievre, Laval, Laurent.

DEMONS TRANSFORMÉS EN PLAISIRS.

M. DUPRÉ.

M^r. LANY. Mlle. DALLEMAND.

M^rs. Hamoche, Bourgeois, Mion, Beat, Aubri.

Mlles. S. Germain, Courcelle, Beaufort, Defiré, Brifeval.

DEUXIEME ENTRÉE.

L'AMOUR JALOUX.

Le théâtre répréſente un Palais.

SCENE PREMIERE.

A R S A M E.

MOUR, ah ! Qu'il eſt doux de vivre
   ſous ta loi ,
Quand tu fais dans deux cœurs fidelles,
Regner des ardeurs mutuelles !
Amour, ah ! Qu'il eſt doux de vivre ſous ta loi !

Je brûle pour l'aimable Elmire ,
Et ſon tendre cœur ſent pour moi,
Les mêmes feux que ſa beauté m'inſpire :
Amour , ah ! Qu'il eſt doux de vivre ſous ta loi !

SCENE II.
ARSAME, ALMANZOR.

ALMANZOR, au fond du Théâtre.

J'Apperçoi mon Rival ; diffimulons ma haîne,
    Et cachons lui jufqu'à ma peine.

A ARSAME.

Vous attendez ici l'objet de votre amour.

ARSAME.

Vous l'y cherchez à votre tour.

ALMANZOR.

Non ; mon cœur pour jamais fe dérobe à fes charmes;
Il eft tems de quitter ce dangereux féjour.

ARSAME.

Ce fera m'épargner de mortelles allarmes.

ALMANZOR.

Triomphez, je fçai trop qu'un Rival tel que moi,
Malheureux, rebuté, vous caufe peu d'effroi;
    Mais vous comptez trop fur Elmire ;
Un autre dans fon cœur peut l'emporter fur vous.

ARSAME.

Vous voulez m'infpirer ces fentimens jaloux,
    Qui troublent l'amoureux empire.

ALMANZOR.

ALMANZOR.

Non ; la jalouse fureur
Ne regne plus sur mon cœur.

ARSAME.

Si l'Amour m'a donné des chaînes,
C'est pour combler tous mes desirs.
Heureux qui goûte ses plaisirs,
Sans jamais connoître ses peines !

ENSEMBLE.

Non ; la jalouse fureur
Ne peut regner ⎰ sur mon cœur.
Ne regne plus ⎱

SCENE III.

ALMANZOR.

Affreux tourment des cœurs trop amoureux,
Monstre cruel, funeste Jalousie,
De ton transport fatal, quand une ame est saisie
Elle ressent l'horreur du séjour tenebreux.

Tes feux qui dévorent mon ame
Augmentent ma fureur sans éteindre ma flâme,
Et mon cœur infecté de ton mortel poison,
Ecoûte le dépit plûtôt que la raison.

E

Je me plains d'un trouble funeste,
Tandis que mon Rival goûte un repos charmant :
Mais il faut éprouver le secours qui me reste,
Avant que par le fer j'immole cet Amant.

Hâtons-nous, hâtons-nous d'emploïer l'art terrible,
Qui soûmit tant de fois les enfers à mes vœux.

Vien ; sort de tes antres affreux ,
Funeste Jalousie ; à mes cris sois sensible ;
Vien punir : vien vanger le mépris de mes feux.

Le Théâtre s'obscurcit.

Ecoûte ma voix qui t'appelle ,
Divinité propice aux Amants outragez ;
Seconde ma fureur cruelle ;
L'espoir des malheureux est d'être enfin vangez.

La Jalousie & sa suite sortent des Enfers.

SCENE IV.

LA JALOUSIE, ALMANZOR,

Suite de la JALOUSIE.

CHŒUR.

Quittons les demeures sombres ;

Portons en ces lieux, l'horreur.

Laissons respirer les Ombres ,

Qu'un juste châtiment livre à notre fureur.

On danse.

LA JALOUSIE.

Ne m'en croi pas moins implacable ,

Quand je quitte à ta voix mes antres ténebreux ;

Dans le cœur d'un Rival , dont le bonheur t'accable,

Je suis prête à lancer mes traits les plus affreux ;

Mais c'est moins pour te rendre heureux ,

Que pour le rendre misérable.

C'est moi qui des Mortels irrite les soupirs ;

Je nourris leurs jaloux désirs ,

Et leurs vives douleurs pour mon cœur ont des

charmes ;

J'empoisonne tous les plaisirs ;

Je ne veux d'autre encens que les cris & les larmes.

E ij

ALMANZOR.

S'il faut à tes Autels des plaintes des fureurs,
Que mon heureux Rival partage mes douleurs.

CHŒUR.

Nous méprisons les larmes
Des Amants insensez ;
Nous rions des allarmes
Dont ils sont traversez ;
Envain les misérables
Encense nos Autels ;
Nos cœurs inexorables,
Font leurs plaisirs cruels,
Du tourment des mortels.

On danse.

ALMANZOR.

Quel espoir de mon cœur s'empare !
Vangez-moi ; vangez-moi.
Votre fureur barbare,
Ne sçauroit m'inspirer d'effroi.
Mon destin sera moins funeste,
Si le Rival que je deteste,
Est aussi malheureux que moi.

LA JALOUSIE.

C'est assez, ta vangeance est prête,
Ton superbe Rival va devenir jaloux.

Que tout change en ces lieux, Démons, transfor-
    mez-vous ;
Offrez aux yeux d'Elmire une brillante fête ...

à A*LMANZOR.*

Toi, prends soin seulement d'inviter à ces Jeux
    Le fatal Objet de tes vœux.
    Mais Elmire s'avance ;
Pour mieux porter mes coups, cac hons-luima
    présence.

SCENE V.
ALMANZOR, ELMIRE.
ELMIRE, à part.

ALmanzor en ces lieux ! Sortons, éloignons-
nous.

ALMANZOR.

Inhumaine, arrêtez ; me fuirez-vous sans cesse !
    Tous les vœux que je vous adresse,
Excitent contre moi votre injuste courroux.

ELMIRE.

Vous ne m'offrez jamais que des transports jaloux,
    Et ma présence les irrite ;
C'est pour votre repos qu'Elmire vous évite.

ALMANZOR.

Vous cherchez un Rival heureux ;
Il n'a que des plaifirs fous votre aimable chaîne ;
Hélas ! Si pour prix de fes feux
Il n'avoit comme moi qu'une éternelle peine ,
Il feroit bien moins amoureux.

ELMIRE.

O ciel ! Il éteindroit fa flamme !
Non ; fut-il accablé des plus cruels tourments ,
Je verrai toûjours dans Arfame ,
Le plus fidele des Amants.

ALMANZOR.

Une vaine erreur vous abufe ;
Malgré tous fes fermens , ceffez de vous flatter ;
Mais c'eft votre amour qui l'excufe ;
Eft-ce lui qu'il faut confulter ?

ENSEMBLE.

Une vaine erreur vous abufe ,
Contre un Amant fi cher ⎫ ceffez ⎫ de m'irriter ;
Malgré tous fes ferments ⎭   ⎭ de vous flater.
⎧ Mais c'eft fon Rival qui l'accufe ; ⎫
⎩ Mais c'eft votre amour qui l'excufe ; ⎭
Eft-ce lui qu'il faut confulter ?

ALMANZOR.

Eh ! Qui peut vous aimer autant que je vous aime ?

Il ne tiendra qu'à vous d'en juger par vous même.
Allarmez cet heureux Amant ;
Paroiffez à fes yeux, fenfible à mon tourment ;
Rendez fon cœur jaloux de ma gloire nouvelle,
Et vous verrez en ce moment,
Qui des deux eft le plus fidelle.

ELMIRE.

Je confens d'éprouver fa foi ;
Mais ce n'eft que pour vous confondre.

ALMANZOR.

Eh bien, repofez - vous fur moi
D'un fuccès dont j'ofe répondre ;
Vous apprendrez bien-tôt... mais c'eft trop differer.
Je vais preffer les Jeux que j'ai fait préparer.

SCENE VI.

ELMIRE.

ARfame changeroit ! Non ; je ne le puis croire.
Le dépit fur le tendre amour,
Peut bien pour quelque tems remporter la victoire;
Mais l'amour triomphe à fon tour.

On ne tient pas fa colere,
Quand on aime conftamment ;

Dans le cœur d'un tendre Amant,
Le dépit ne dure guere.
On ne tient pas sa colere,
Quand on aime constamment.
Assurons enfin ma conquête
En inspirant une jalouse erreur.

On entend une Symphonie.

Ces Concerts m'annoncent la fête :
Amour, prend soin de mon bonheur.

SCENE VII.

ALMANZOR, ELMIRE,

Démons transformez en Amours, en Nymphes
& en Plaisirs.

CHŒUR.

A L'Amour cédons la victoire ;
Qu'il regne sur tous nos désirs,
Les Dieux ont fait pour eux la gloire,
Et pour nous les plaisirs.

On danse.

ELMIRE.

Toi, qui donnes des loix à toute la nature,
Amour, en ma faveur vole du haut des Cieux :
Lance tes traits puissants, dont l'atteinte est si sure
Contre

Contre les Mortels & les Dieux ;
Sur un Amant fidelle, acheve ma victoire ;
Si je le rends jaloux, sans le rendre inconstant,
Ce jour où je t'implore est le plus éclatant
De ton triomphe, & de ma gloire.

On danse.

UN PLAISIR,
alternativement avec le Chœur.

C'est vainement qu'un cœur sauvage
De trop de fierté veut s'armer ;
C'est vainement qu'un cœur sauvage
Resiste au Dieu qui sçait charmer ;
Il en coûte moins pour aimer,
Qu'à lui refuser son hommage,
Il en coûte moins pour aimer,
Qu'à fuir un si doux esclavage.

Le chœur reprend les 4 premiers Vers.

LE MESME PLAISIR.

Quand l'Amour nous livre la guerre,
Goûtons ses aimables langueurs,
Quand l'Amour nous livre la guerre,
C'est nous combler de ses faveurs :
L'indifference est pour les cœurs,
Ce que l'hyver est pour la terre ;
L'indifference est pour les cœurs,
Ce que l'hyver est pour les fleurs.

F

Le Chœur reprend les 4 premiers Vers.

LE MESME PLAISIR.

Un jeune cœur qu'Amour enflâmme,
N'a point d'inutiles moments ;
Un jeune cœur qu'Amour enflâmme,
Cherit jusques à ses tourments ,
Tout est plaisir pour les Amants ;
Tout rit , quand on ressent sa flâmme ;
Tout est plaisir pour les Amants ;
Ce Dieu sçait leur donner des jours charmants.

Le Chœur reprend les 4 premiers Vers.

LE MESME PLAISIR.

Le temps , d'une aîle legere ,
Emportera loin de nous ,
Cette beauté passagere ,
Dont les charmes sont si doux :

LE CHŒUR DES NYMPHES,

Le temps , &c.

LE MESME PLAISIR, *avec le Grand Chœur.*

En tout temps l'Amour nous dompte ;
Livrons nous à ses désirs ;
Nous aurions à notre honte ,
Ses peines, sans ses plaisirs.

On reprend.

C'est vainement , &c.

SCENE VIII.

A R S A M E,

Et les Acteurs de la Scène précédente.

A R S A M E , au fond du Théâtre.

Ciel ! Almanzor auprès d'Elmire !
Ses yeux m'apprennent trop qu'il a touché son
   cœur.
A L M A N Z O R.

Ah ! Je connois tout mon bonheur ,
   Aux jaloux transports que j'inspire ,
Quel triomphe pour moi , se prépare en ce jour !

à ARSAME.

Arsame , c'en est fait , ces peines de l'Amour ,
   Qui devoient être mon partage ,
   Tu vas les sentir à ton tour.

à part.

Divinité propice , acheve ton ouvrage.

Il sort.

F ij

SCENE IX.
ARSAME, ELMIRE.
ARSAME.

Qu'entends-je ? Il est donc vrai que vous me
     trahissez !
C'est l'Amour seul que mon Rival implore ;
Vous l'écoûtiez cruelle ; ah ! C'est me dire assez,
     Que tous ses vœux sont exaucez..
Hélas que deviendra ce cœur qui vous adore ?
Vous gardez le silence ! Elmire, expliquez-vous.

ELMIRE.

Mon sort ne fut jamais plus doux.

ARSAME.

Vous vous applaudissez de ma douleur mortelle !
     Vous triomphez d'être infidelle !
Courons à la vengeance ; immolons un Rival.

ELMIRE.

Je frémis. Arrêtez ; qu'allez-vous entreprendre ?

ARSAME.

Ah ! Vous craignez pour lui mon désespoir fatal ;
     Mais rien ne sçauroit le défendre ;
Vous lui prêtez, Perfide, un funeste secours ;
Et vous hâtez sa mort, en tremblant pour ses jours.

SCENE X.

ELMIRE.

DEmeurez. Il fuit, il m'échappe ;
J'ai caufé fon jaloux tranfport.
Ah ! Faut-il, s'il reçoit la mort,
Que ce foit ma main qui le frappe !
Empêchons un combat, qui me glace d'effroi :
Puiffe le coup mortel, tomber plûtôt fur moi.

Mais de quel nouveau trouble ô Ciel ! Suis-je faifie !
Quel Monftre paroît à mes yeux !
Ah ! C'eft l'affreufe Jaloufie !
Fuyons fon afpect odieux.

SCENE XI.

LA JALOUSIE, ELMIRE.

LA JALOUSIE.

ARrête, malheureufe Elmire ;
Connois l'excès de ma fureur ;
C'en eft fait, ton Amant expire.

ELMIRE.

Qu'entens-je ? O Ciel ! C'eft moi qui lui perce le
cœur.

LA JALOUSIE.

Non , ne crois pas m'envier mon ouvrage ;
L'un & l'autre Rival fuccombent fous mes coups ;
Tous deux , dans l'excès de leur rage,
Viennent de s'immoler à leurs tranfports jaloux.

Le cours éternel de tes larmes,
Ton défefpoir , & tes foûpirs ,
M'apprêtent de nouveaux plaifirs ,
Et j'y trouve de nouveaux charmes ;
Je veux que les tourments divers,
Que ton fort affreux te prépare,
Faffent l'effroi de l'Univers ;
Voilà le triomphe barbare,
Que j'emporte au fond des Enfers.

LA JALOUSIE s'abime.

ELMIRE.

Non , tu prétends en vain me féparer d'Arfame,
A ma jufte douleur je ne furvivrai pas ;
Le cruel défefpoir qui regne dans mon ame ,
Va m'ouvrir , malgré toi , les portes du trépas.

FIN DE LA SECONDE ENTRÉE.

L'AMOUR VOLAGE.

ACTEURS CHANTANS.

LEANDRE, *Amant de*
    CELIMENE   M^r De Chassé.
VALERE *Amoureux de* DORIS.   Mr Jeliotte.
CELIMENE,   Mlle Romainvile.
DORIS,   Mlle. Fel.
PAYSANS & PAYSANNES.
BERGERS & BERGERES HEROÏQUES.

PERSONNAGES DANSANS.

BERGERS & BERGERES.

Mlle LYONNOIS.

M^{rs}. Caillé, Bourgeois, Aubri, le Lievre, Laval.

Mlles. Desiré, Bellenot 1., Bellenot c., Beaufort, Dazenoncourt.

Mlle CARVILLE.

PAYSANS & PAYSANNES.

M^r. LANY.   Mlle. LANY.

M^{rs}. Laurent, Mion & Beat.

Mlles. Thierry, Imblot, Sauvage.

TROISIEME ENTRÉE.

L'AMOUR VOLAGE.

Le Théâtre repréſente un lieu champêtre.

SCENE PREMIERE.

LEANDRE, VALERE.

LEANDRE.

Quel deſſein te conduit dans ce charmant
boccage ?

VALERE.

On doit y célébrer le retour du Printemps ;
Quelle Fête pour moi ! Quel plaiſir !

LEANDRE.

Je t'entends ;
La Saiſon des Zéphirs eſt celle d'un Volage.

G

VALERE.

Chaque inſtant, dans ce beau ſéjour,
Fait naître quelque fleur nouvelle ;
Dans le cœur de plus d'une Belle,
Je prétends, auſſi chaque jour,
Faire naître pour moi, quelque nouvelle amour.

LEANDRE.

Eh quoi ? Dans l'amoureux Empire,
La conquête d'un cœur ne peut donc te ſuffire !

VALERE.

Que me reproches-tu ? N'eſt-tu pas inconſtant ?

LEANDRE.

Pour changer une fois, on n'eſt pas ſi coupable ;
Mais, tu changes à chaque inſtant.

VALERE.

J'aime par tout, ce que je trouve aimable ;
Et j'en fais mon ſuprême bien.

LEANDRE.

Aimer par tout, c'eſt n'aimer rien.

VALERE.

Quand je quitte un Objet, j'en imagine encore
De plus dignes d'être cheris ;
Et je ſuis plus flatté d'un plaiſir que j'ignore,
Que de tous ceux, dont je connois le prix.

L E A N D R E.

On trouve peu d'amours parfaites
Parmi les Amans tels que moi,
Mais des Volages comme toi,
Au lieu d'amours, n'ont que des amourettes.
Peut-on goûter l'amour quand on n'eſt point épris?

V A L E R E.

Epris, ou non, je vais en conter à Doris;
Je l'apperçois.

L E A N D R E.

Et moi je cours à Célimene.
Je brûle de lui rendre & mon cœur & mes
vœux.

V A L E R E.

Va, reprend ta premiere chaîne;
Nous verrons qui de nous ſera le plus heureux.

SCENE II.

V A L E R E, D O R I S.

V A L E R E.

BElle Doris, demeure, & d'un cœur qui t'adore,
Reçoi l'hommage en ce moment;
Qui ne t'aima jamais ne connoît point encore,
Ce qu'Amour a de plus charmant.

G ji

 # L'AMOUR VOLAGE,

DORIS.

Un feu leger flatte mon ame ;
J'approuve vos tendres difcours ;
Qui ne veut point d'éternelles amours,
Peut bien écouter votre flâmme.

VALERE.

Mais, en t'offrant ici ma foi,
Je m'expofe au danger de devenir fidelle.

DORIS.

Quand j'infpire une ardeur nouvelle,
Mon cœur n'impofe point une fi dure loi ;
Il craint trop les ennuis d'une conftance extrême.

VALERE.

De te plaire, Doris, je fais mon bien fuprême ;
Et ne veux de l'Amour, t'offrir que les douceurs.

DORÏS.

Je confens à ce prix, qu'il uniffe nos cœurs ;
Mais, de rompre fes nœuds, que chacun foit le maître.

Lorfque le cœur n'eft pas content,
Que fervent les efforts qu'il fait pour le paraître ?
L'honneur de paffer pour conftant,
Ne vaut pas la peine de l'être.

ENSEMBLE.

Goutons un fort fi charmant ;
Envain ferions-nous réfiftance :

Mais mefurons notre conftance,
Au plaifir que nos cœurs trouveront en aimant.

VALERE.

Que deviendroit l'Amour, s'il n'étoit des Coquettes ?
Dans ces ardeurs fi tendres, fi parfaites,
Jeux badins, Jeux riants, on ne vous connoît pas,
Ce n'eft que dans les amourettes
Qu'on voit briller tous vos appas ?
Que deviendroit l'Amour, s'il n'étoit des Coquettes ?

ENSEMBLE.

Sans nous picquer d'être conftants,
Jouiffons de nôtre Printemps,
Et livrons-nous à la tendreffe ;
Mais que toujours en liberté,
Chacun puiffe, à fa volonté,
Changer d'Amant & de Maîtreffe.

VALERE.

J'apperçois nos Bergers ; ils viennent par leur
chants,
Célébrer avec nous le retour du Printemps ;
Celimene les fuit.

DORIS.

Leandre eft avec elle ;
Tout prend part aux douceurs d'une Saifon fi belle.

SCENE III.

LEANDRE, VALERE, DORIS, CÉLIMENE,
Troupe de BERGERS & de BERGERES.

CHŒUR.

CHantons la Saison des fleurs;
    Du Printems, chantons les charmes;
    Il prête à l'Amour des armes,
    Pour mieux enflammer les cœurs.
Chantons, &c. *On danse.*

CÉLIMENE.

    Ces bois qui parent nos montagnes,
    Ces prez, ces jardins, ces campagnes,
    Se renouvellent tous les ans :
    Nous n'avons pas même avantage;
    Et jamais le cours de nôtre âge
    N'a qu'un Hyver & qu'un Printemps.

On danse.

VALERE & DORIS, alternativement avec le Chœur.

    Dans la Saison des beaux jours,
    On voit les roses éclore;
    Elles naissent des Amours,

Du doux Zéphire & de Flore,
C'est ainsi qu'en nos beaux ans,
Des feux qu'Amour nous inspire,
Naissent les plaisirs charmants,
Que l'on goûte en son empire.

Les Bergers & les Bergeres se retirent, ainsi
que VALERE *&* DORIS.

SCENE IV.
LEANDRE, CÉLIMENE.

LEANDRE.

LE Dieu qui fait aimer semble inspirer ces chants.

CÉLIMENE.

Vous font-ils desirer quelque nouvelle chaîne ?

LEANDRE.

Que me rappellez-vous, aimable Célimene ?
J'ai trahi mes serments ; mais si j'ai pû changer,
L'Amour prend soin de vous vanger.
Verrez-vous mon retour avec indifference ?
M'ôtterez vous toute espérance ?

CELIMENE.

D'un changement trop prompt votre amour fut
suivi.

Vous jureriez en vain que votre ame m'adore,
Si l'inconstance peut encore
M'ôter un bien qu'elle m'avoit ravi.
Fuyons.

L E A N D R E.

Cedez à l'ardeur la plus tendre.
Ecoûtez-moi.

C E L I M E N E.

Je ne veux rien entendre.
Ne parlons plus d'Amour, j'ai brisé tous ses nœuds.

L E A N D R E.

Eh ! Quel Dieu, mieux que lui, peut mériter nos
vœux ?

Les moindres ardeurs qu'il inspire
Offrent toûjours un doux amusement ;
Peut-on dans l'âge où l'on soûpire
Abandonner ce Dieu charmant !

C E L I M E N E.

Non ; je ne quitte point l'Amour ni son Empire ;
Je ne quitte que mon Amant.

L E A N D R E.

Votre Amant, Ah ! Ce nom n'a t'il rien qui vous
touche ?
Pouvez-vous l'accorder avec votre rigueur ?
S'il est encore dans votre bouche,

11

Il n'est pas loin de votre cœur.

CÉLIMENE.

Cessez de tirer avantage
D'un nom qui sans dessein, m'échape en ce moment;
J'ai pû le prononcer, mais par un simple usage;
Et c'est un souvenir, plûtôt qu'un sentiment.

LEANDRE.

Mais enfin, belle Célimene;
Que me reprochez-vous ?

CÉLIMENE.

Un infidelle amour.

LEANDRE.

Ce reproche sur vous peut retomber sans peine.

CÉLIMENE.

Vous aviez rompu vôtre chaîne;
Je brisai la mienne à mon tour.

LEANDRE.

C'est quelquefois un bien de se laisser surprendre
Au plaisir de se dégager.
L'inconstance peut seule apprendre
Tout ce que l'on perd à changer.
Croyez-moi, belle Célimene,
Pour nous justifier, reprenons notre chaîne.
Je jure à vos beaux yeux, une immortelle ardeur,

Et l'on verra plûtôt, interrompant sa course,
L'Onde remonter vers sa source,
Que l'infidelité s'emparer de mon cœur.

CELIMENE.

L'Amour dans ses liens malgré moy me ramene ;
Non ; rien de mon Amant ne peut me défunir ;
Ce nom si cher se présente sans peine ,
Et c'est un sentiment, plûtôt qu'un souvenir.

LEANDRE.

O favorable inftant ! Tous deux d'intelligence ;
Nous rallumons nos premiers feux ;
Heureufe cent fois l'inconftance
Qui refferre de si beaux nœuds !

ENSEMBLE.

Oublions que nos cœurs n'ont pas été fidelles ;
Je ne veux plus aimer que vous ,
Que nos plaisirs faffent mille jaloux ;
Rendons nos chaînes éternelles.

SCENE V.

LEANDRE, VALERE, CELIMENE, DORIS.

VALERE.

QUoy ? Leandre devient conſtant !

LEANDRE.

Tu le vois, dans mes fers ce beau jour me rengage ;
    Qui de nous eſt le plus content ?

    Je ſuis aimé , quoique volage ,
    Quel triomphe plus éclatant !
    Qui de nous eſt le plus content ?

LEANDRE.

    Ne diſputons pas davantage.
    Tout m'enchante dans mon partage.

Sur le nouvel objet
Sur toutes les Beautés   } à qui j'offre des vœux,

Célimene
Doris ſeule   } aujourd'huy remporte la victoire :

Les feux dont j'ai brulé n'ont ſervi qu'à ſa gloire ;
Ses charmes ſeuls , pouvoient me rendre heureux.

H ij

SCENE VI.
LEANDRE, VALERE, CÉLIMENE, DORIS,
Troupe de Villageois & de Paysans.

LEANDRE.

Troupe à ma voix toujours fidelle,
Venez ; empressez-vous & marquez votre zele
     A l'unique objet de mes vœux.

On danse.

LEANDRE.

     Chantez la Beauté que j'adore,
     Uniffez vos tendres concerts,
     Et jufqu'au retour de l'Aurore,
Célébrez à l'envi, fon triomphe & mes fers.
Les plus beaux yeux du monde ont porté dans mon
     ame,
     Les feux dont je me fens épris :
Quand l'Amour n'eft fuivi que des Jeux & des Ris,
Rien n'eft fi doux que de fentir fa flâmme.

CHŒUR.

Regnez dans ces beaux lieux, Amours, Jeux &
     Plaifirs ;
     Regnez fur ces heureux rivages ;
Plus vous fervez les cœurs au gré de leurs défirs,
     Et plus vous recevez d'hommages.

On danse.

DORIS, à CÉLIMENE.

Il faut aimer;
Est-il un bien plus desirable?
Il faut aimer,
C'est un destin inévitable.
Il n'est point de cœur indomptable
Pour un Dieu qui sçait tout charmer;
Mais surtout, quand on est aimable
Il faut aimer.

CÉLIMENE, à DORIS.

Il faut changer,
Quand on languit & qu'on soupire;
Il faut changer
Quand on prévoit un long martire:
Mais l'Amour sous un doux empire
Quelquefois nous vient engager;
Dès qu'il plaît, on ne doit plus dire
Il faut changer.

On danse.

VALERE, *alternativement avec le Chœur.*

Sans le Dieu de la Tendresse,
Il n'est point de doux moment;
Chaque trait dont il nous blesse,
Rend ce Vainqueur plus charmant:
Sous ses loix vivons sans cesse,
On n'est heureux qu'en aimant.

En amour tout eſt langage,
Soupirs, regards, tendres ſoins;
Le miſtere en fait uſage.
Pour mieux tromper les témoins,
Souvent on dit davantage,
Lorſque l'on parle le moins.

On danſe.

LEANDRE, VALERE, CELIMENE,
DORIS, alternativement avec le Chœur.

Tendre Amour, viens nous engager

Par les plus agréables chaînes;
Ne nous force point à changer,
En nous faiſant ſentir tes peines.

CHŒUR. Tendre Amour, &c.

LEANDRE, VALERE, CELIMENE, DORIS.

Nous formons de nouveaux deſirs,
Pour ta gloire & pour nos plaiſirs.

CHŒUR. Nous formons, &c.

**FIN DE LA TROISIÉME & DERNIERE
ENTRÉE.**

APPROBATION.

J'Ai lû par ordre de Monseigneur le Chancelier, une réimpreſſion des *Caracteres de l'Amour, Ballet Heroïque* : A Verſailles ce ſix Juin 1749.
DEMONCRIF.

PRIVILEGE DU ROY.

LOUIS par la grace de Dieu, Roy de France & de Navarre : A nos amés & feaux Conſeillers, les Gens tenans nos Cours de Parlemens, Maîtres des Requêtes ordinaires de nôtre Hôtel, Grand Conſeil, Prevôt de Paris, Baillifs, Sénéchaux, leurs Lieutenans Civils, & autres nos Juſticiers qu'il appartiendra, Salut. Nôtre très cher & bien amé le Sieur LOUIS ARMAND EUGENE DE THURET, cy-devant Capitaine au Regiment de Picardie, Nous a fait repréſenter que, par Arreſt de nôtre Conſeil du 30 May 1733. Nous avons revoqué le Privilege qui avoit été accordé au Sieur le Comte & ſes Aſſociez, pour raiſon de l'Academie Royale de Muſique, ſes circonſtances & dependances, & rétabli ledit Privilege en faveur dudit Sieur Expoſant, pour en joüir par lui, ſes Aſſociez, Ceſſionnaires & ayans-cauſe aux charges & conditions portées par ledit Arreſt, pendant le temps & eſpace de vingt-neuf années, à compter du premier Avril de ladite année 1733 & que pour l'exploitation dudit Privilege, ledit Sieur Expoſant ſe trouve obligé de faire imprimer & graver les Paroles & la Muſique des Opera qui doivent être repréſentés; mais que pour cet effet il a beſoin de nôtre Permiſſion & des Lettres qu'il Nous a très-humblement fait ſupplier de lui accorder. A CES CAUSES, voulant favorablement traiter ledit Expoſant : Nous lui avons permis & permettons par ces Preſentes de faire imprimer & graver *les Paroles & Muſique des Opera, Ballets & Fêtes qui ont été ou qui ſeront repreſentés par l'Academie Royale de Muſique, tant ſéparément que conjointement* en tels Volumes, forme, marge, caractére, & autant de fois que bon lui ſembleta, & de les faire vendre & débiter par tout nôtre Royaume; pendant le temps de vingt-neuf années conſecutives à compter du jour de la datte deſdites Preſentes. Faiſons défenſes à toutes perſonnes, de quelque qualité & condition qu'elles ſoient d'en introduire d'Impreſſion ou Gravure Etrangere dans aucun lieu de nôtre obéïſſance: Comme auſſi à tous Imprimeur, Libraire, Graveurs, Imprimeurs Marchands en Taille-Douce, & autres de graver, ni faire graver, imprimer, ou faire imprimer, vendre, faire vendre, débiter ni contrefaire leſdites Impreſſions, Planches & Figures de Paroles, de Muſique des Opera, Ballets & Fêtes, qui ont été ou qui feront repréſentez par ladite Academie Royale de Muſique, tant ſéparément que conjointement en tout ni en partie, ſans la permiſſion expreſſe & par écrit dudit Sieur Expoſant, ou de ceux qui auront droit de lui; à peine de confiſcation, tant des Planches & Figures, que des Exemplaires contrefaits & des Uſtanciles qui auront ſervi à ladite contrefaçon, que Nous entendons être ſaiſis en quelque lieu qu'ils ſoient trouvez; de dix mille livres d'amende contre chacun des Contrevenans, dont un tiers à Nous, un tiers à l'Hôtel-Dieu de Paris, l'autre tiers audit Sieur Expoſant, & de tous dépens, dommages & intereſts, à la charge que ces Preſentes ſeront enregiſtrées tout au long ſur le Regiſtre de la Communauté des Libraires & Imprimeurs de Paris, dans trois mois de la datte d'icelles; que la Gravure & Impreſſion deſdites Paroles & Opera ſera faite dans nôtre Royaume & non ailleurs, en bon papier & beaux caracteres, conformément aux Reglemens de la Librairie, & notamment à celui du dix Avril 1725. & qu'avant de les expoſer en vente les Manuſcrits gravés ou imprimés ſeront remis dans le même état où les Approbations auront été données ès mains de notre très-cher & feal Chevalier Garde des Sceaux de France, le Sieur Chauvelin; & qu'il en sera ensuite remis deux Exemplaires de chacun dans notre Bibliothèque publique, un dans celle de notre Château du Louvre, & un dans celle de notre très-cher & feal Chevalier Garde des Sceaux de France, le Sieur Chauvelin: Le tout à peine de nullité des Présentes; Du contenu desquelles Vous mandons & enjoignons de faire jouir ledit Sieur Exposant, ou ses Ayants-cause, pleinement & paisiblement sans souffrir qu'il leur soit fait aucun trouble ou empêchement. Voulons que la Copie desdites Présentes, qui sera imprimée tout au long au commencement ou à la fin desdites Paroles ou Opera, soit tenue pour dûement signifiée, & qu'aux Copies collationnées par l'un de nos amés & feaux Conseillers & Secretaires, foy soit ajoûtée comme à l'Original. Commandons au premier notre Huissier ou Sergent, de faire pour l'exécution d'icelles tous Actes requis & necessaires, sans demander autre permission, & nonobstant Clameur de Haro, Châtre Normande & Lettres à ce contraires. Car tel est nôtre plaisir. Donné à Fontainebleau le douziéme jour de Novembre, l'An de Grace mil sept cent trente-quatre, & de notre Regne le vingtiéme : *Et plus bas*, Par le Roy en son Conseil. *Signé* SAINSON, avec paraphe.

Registré sur le Registre VIII. de la Chambre Royale des Libraires & Imprimeurs de Paris, N. 797. fol. 774. conformément aux anciens Réglemens, confirmés par celui du 28 Février 1723. A Paris le 23 Novembre 1734.
G. MARTIN, *Syndic.*

De l'Imprimerie de la Veuve DELORMEL, & Fils, Imprimeur de l'Académie Royale de Musique, rue du Foin, à Sainte Geneviéve & à la Colombe Royale.

www.ingramcontent.com/pod-product-compliance
Ingram Content Group UK Ltd.
Pitfield, Milton Keynes, MK11 3LW, UK
UKHW021450090726
13657UKWH00003B/1315